Numéro 85   Janvier 1930

LA BROCHURE MENSUELLE

PARAIT LE 24 DE CHAQUE MOIS
Rédaction et Administration : BIDAULT, 39, Rue de Bretagne, Paris-3e
Tél. Archives 65-24   Compte Chèques Postaux 739-03

Madeleine PELLETIER

LE TRAVAIL

Ce qu'il est

Ce qu'il doit être

EDITIONS DU
Groupe de Propagande par la Brochure
En dépôt : LIBRAIRIE DES PUBLICATIONS
Sociales, Scientifiques, Littéraires
39, Rue de Bretagne — Paris-3e

A nos Amis

A nos Abonnés

En raison des formidables hausses sur toutes les fournitures, concernant notre publication :

Nous avons été dans l'obligation de faire une augmentation des prix pour les abonnements comme suit :

12 frs par An pour 5 Brochures par mois
6. »   pour 6 mois » 5   »   »
3. »   par An pour une Brochure chaque mois
0.50 pour abonnement d'essai (3 mois)

Ces prix s'entendent seulement pour la France

Pour la propagande, le cent de « *Brochures Mensuelles* », assorties ou non seront cédées au prix de 20.60, franco recommandé.

Mais nous maintenons tous les avantages accordés à nos abonnés, ce qui fait, que l'abonnement est remboursé amplement, et souvent plusieurs fois.

....

Pour les envois de fonds, utilisez toujours le chèque postal :
BIDAULT PARIS 239.02
c'est le moins cher, le plus certain.

Le Groupe de Propagande par la Brochure.

LA BROCHURE MENSUELLE
COLLECTION 1927-28

A paraître: La pluralité en Amour traduction E. Armand, le Règne de l'envie, par Barbedette. Guerre impérialiste et Guerre sociale, par L. Renard, etc.

Les numéros 12A, 35, 42A, ne se vendent qu'avec la collection complète

La Collection complète 1923-24-25-26-27-28, franco Recommandé 18.60

LE TRAVAIL

Ce qu'il est,
Ce qu'il doit être

LE TRAVAIL

Ce qu'il est, Ce qu'il doit être

I

L'homme est naturellement paresseux, le travail régulier est une conséquence de la civilisation.

Chez les peuples primitifs, le travail est imposé par la force aux faibles. Dans la famille sauvage et barbare la femme n'est pas seulement une ménagère comme dans les classes pauvres des pays civilisés ; elle assure à elle seule à peu près toute la production. C'est elle qui construit la hutte ; lorsqu'on commence à être agriculteur, c'est elle qui cultive le champs. Certains auteurs même soutiennent que les femmes auraient inventé l'agriculture ; ce seraient elles qui auraient eu l'idée de mettre une graine en terre pour récolter une plante.

Les femmes cousent les peaux dont elles fabriquent des vêtements rudimentaires, dans l'Afrique noire ; elles pilent le grain pour en faire de la farine. L'homme se réserve la chasse et la guerre, qu'il déclare bien entendu occupations supérieures ; son seul travail industriel est la fabrication de ses armes.

En outre des femmes, le travail est infligé aux esclaves qui sont à l'origine des vaincus de la guerre. Le vaincu est d'abord tué, mais à la longue on se dit qu'au lieu de le tuer, mieux vaut le conserver vivant pour le faire travailler.

Ce sont les esclaves qui ont édifié les pyramides d'Egypte dont la solidité semble vouloir défier le temps. Des milliers d'hommes y sont morts de misère et de souffrances, afin que les rois aient un tombeau et les dieux un temple digne de leur grandeur.

Ce sont les esclaves qui ont construit les monuments romains dont nous pouvons encore admirer les vestiges. Les sociétés de l'antiquité classique reposaient sur l'esclavage, ce qui faisait dire à Aristote que sans l'esclavage il n'y aurait pas de civilisation.

Imposé aux êtres considérés comme inférieurs, le travail est méprisé ; l'élite de la société s'en dispense. Tout comme le nègre, elle se réserve la chasse et la guerre, occupations destructives qu'elle déclare supérieures ; elle y ajoute le gouvernement et la défense, services pour lesquels elle se réserve la part du lion.

En réalité, les classes supérieures ne font que systématiser la force, la seule loi du monde animal qui est aussi celle de l'être humain parce qu'il n'est que le premier des animaux.

A l'esclavage succède en Europe le servage. L'agriculture est imposée aux paysans serfs, courbés sous la puissance tyrannique du seigneur du lieu. On les vend avec la terre, ils n'ont pas le droit de changer de région. Pour un menu délit, on les pend. L'industrie est imposée aux vilains des villes qui ont une vie plus relevée, mais très inférieure encore.

Affranchi du servage le paysan doit encore la plus grande part de son travail à ses maîtres. Le seigneur, le prêtre, le roi, sous forme de dîme et d'impôts divers, lui enlèvent à peu près tout ; on lui laisse juste de quoi mener une vie très misérable.

Jusqu'à la Grande Révolution, c'est toujours le métier des armes qui est jugé le seul digne et honorable ;

les hommes de la noblesse sont tous militaires. Faire autre chose que la guerre ou la préparation de la guerre, c'est déroger. Le travail intellectuel même, tout en étant moins avili que le travail manuel, est considéré comme une occupation inférieure. On le laisse au clergé et aux bourgeois qui forment la classe moyenne. Le seigneur du Moyen-Age se vante de ne savoir ni lire ni écrire ; celui du dix-huitième siècle a des clartés superficielles de tout, mais il croirait déroger en approfondissant une science ou un art.

La Révolution Française enlève à la naissance noble le premier rang social pour le donner à la richesse. Le « noble métier des armes » perd son prestige qui passe à la grande fortune. Outre les gouvernants, les premiers dans la société sont les grands industriels, les grands commerçants, les grands financiers. La forme a changé mais, tout comme les nobles d'autrefois, les riches vivent du travail de la masse qu'ils exploitent.

La place du travail intellectuel a peu changé ; il est toujours le lot des classes moyennes ; le savant et l'écrivain pauvres sont méprisés ; seuls quelques très rares intellectuels *arrivés* prennent place dans la nouvelle aristocratie.

Quant au travail manuel, il reste esclave sous les apparences de la liberté. Napoléon Premier édicte des lois terribles contre les grèves, afin de maintenir sous le joug la populace travailleuse. Les économistes anglais de la fin du dix-huitième siècle et du commencement du dix-neuvième semblent avoir édifié leur science pour légitimer l'écrasement social de l'ouvrier. La *loi d'airain* le broie ; il est voué inéluctablement à la misère, à la famine et à la mort. Malheur à qui

n'a pas de capital, le *grand banquet de la vie* n'a pas
de place **pour lui** ; il n'a qu'à disparaître. C'est
par pitié que Malthus adjure le travailleur d'avoir la
sagesse de ne pas reproduire, pour ne pas encombrer
la société de malheureux comme lui.

L'ancien régime abandonnait aux congrégations reli-
gieuses le soin de donner au peuple un rudiment de
savoir. Le règne de la grande bourgeoisie et de l'industrie marque un degré plus élevé d'organisation. L'enseignement du peuple est un problème qu'on envisage
et on le résout en organisant dans tout le pays l'instruction primaire remise aux soins de l'Etat lui-même.

Mais c'est un enseignement destiné à la classe inférieure ; il est organisé pour elle. Son but est de former
un travailleur discipliné, content de son sort et n'ayant
jamais l'idée de regarder au-dessus de lui. En dehors
des rudiments objectifs, tels que la lecture, l'écriture,
l'arithmétique, cet enseignement est un mensonge sys-
tématisé. On présente à l'écolier les apparences des
choses : la République, le suffrage universel, l'égalité
devant la loi, etc...

Rien à première vue ne retient le travailleur à une
place et dans une vie déterminée ; mais les conditions
économiques, comme des bandits cachés, entourent
l'ouvrier d'un cercle infranchissable. Rien ne l'em-
pêche de rester au lit un matin au lieu d'aller au
travail : il n'a pas, comme l'esclave antique, un maître
armé du fouet pour le contraindre. Cependant, ce
maître existe quand même ; c'est la faim.

Tout est organisé pour forcer l'ouvrier au travail.
Dans les villes, les maisons ouvrières sont dans un
même quartier et les maisons des riches dans un autre.

A Paris et à Londres, les ouvriers à l'est et les bourgeois à l'ouest ; des écrivains ont voulu voir là je ne sais quel symbole mystérieux de la marche des civilisations qui iraient de l'orient à l'occident.

De sa naissance à sa mort, l'ouvrier ne voit guère que des gens de sa classe. A l'usine, surtout dans la grande industrie, le patron est invisible comme un empereur de Chine ; l'ouvrier ne voit que des contremaîtres, sortis du peuple comme lui ; l'ingénieur, véritable officier de l'armée du travail, le dirige de très haut. Rentré chez lui, il voit sa famille, ses camarades, les gens du quartier. Il n'a qu'une très vague connaissance de la bourgeoisie, il ne se promène guère dans les grands quartiers, il ne tient pas d'ailleurs à s'y rendre, car il se sent gêné lorsqu'il est sorti du cadre de sa classe.

L'ouvrier cependant n'est pas soumis ; trois quarts de siècle de propagande socialiste, communiste, syndicaliste, anarchiste, en ont fait un révolté. Peu de travailleurs, surtout dans les villes, restent fidèles aux enseignements de l'école primaire et croient que c'est à force d'économie et de travail que l'on devient riche ; que le soldat a, dans sa giberne, son bâton de maréchal; que le gouvernement, issu du suffrage universel, est l'expression de la volonté générale et que le patron est un bienfaiteur sans lequel l'ouvrier mourrait de faim.

A force de lui parler de surtravail, de plus-value, de lui dire qu'il est exploité, l'ouvrier a fini par le savoir. Le syndicalisme, après avoir végété de longues années, est devenu une force. Les salaires sont relativement élevés et, si l'ouvrier ne parvient pas à se faire payer davantage, il se venge en diminuant son rendement, en faisant par heure vingt minutes de travail effectif.

Le travail, dans la société présente, est donc méprisé comme il l'était dans les temps passés. L'ouvrier est moins maltraité, sa vie est moins mauvaise, mais le travail reste le lot de la dernière classe, la géhenne des malheureux. Jamais par le travail on ne peut espérer parvenir à la fortune ; travailler pour vivre, vivre pour travailler, c'est le lot de la classe ouvrière. La vieillesse venue, l'ouvrier en est réduit à la charité publique ou privée ; ses enfants refusent de l'entretenir ; l'asile de vieillards est sa seule espérance, heureux encore lorsqu'il y trouve une place.

Le travail intellectuel est, comme autrefois, le lot des classes moyennes. La vie du travailleur intellectuel est plus libre à la fois et plus relevée. L'enseignement du lycée, tout en ayant son dogmatisme, n'est pas systématiquement compresseur, comme celui de l'école primaire. Le lycéen sera peut-être un gouvernant ; il faut donc lui dire la vérité ; on perdrait son temps en bernant son enfance et sa jeunesse avec des apparences.

La vie qui attend l'intellectuel n'est cependant, à moins d'une chance exceptionnelle, que la médiocrité.

Cela est surtout vrai depuis la guerre où, par le fait du désordre des changes, le bourgeois moyen est devenu un petit bourgeois. L'intellectuel n'est plus guère dans sa masse qu'un ouvrier en chapeau et en gants. L'ingénieur, le professeur, le fonctionnaire travaillent à peu près toute la journée, ses meilleures heures sont prises par le gain du pain quotidien. ce qui fait que son travail n'est plus guère, en fait, intellectuel ; la répétition journalière le transforme en une routine que la mauvaise rémunération lui rend odieuse. Étroitement logé, vêtu d'habits usagés qu'il ne conserve propres qu'à force de soins, il n'est pas beaucoup plus heureux que l'ouvrier. Le plus souvent, même, il gagne moins parce qu'il n'a pas appris à se défendre syndicalement contre l'exploitation de la grande bourgeoisie et de l'Etat.

Le médecin et l'avocat sont comparables au petit commerçant, forcé de tromper le client pour pouvoir vivre. De même que le commerçant triche sur les pesées, sur la qualité de la marchandise, le médecin exagère la gravité de la maladie pour accroître le nombre des visites ; les moins scrupuleux font opérer les gens qui n'ont pas besoin d'une opération, afin de toucher une forte dichotomie.

L'avocat trompe sur la gravité du cas ; il fait argent de son influence vraie ou fausse. Pour pallier à cet état de choses, du moins en ce qui concerne les médecins, on va par le moyen des assurances sociales fonctionnariser la profession médicale. Cela ne changera rien, car le médecin, insuffisamment rétribué, ou bien soignera très mal, ou bien se fera donner par le malade le complément de ce que l'Etat lui refusera.

II

Le travail fait la civilisation, c'est donc lui qui doit en avoir les bénéfices :

> « *Chapeau bas devant la casquette*
> « *A genoux devant l'ouvrier !* »

chantait un poète révolutionnaire en 1848.

Cette conception romantique de la valeur du travail est inopérante. L'ouvrier ne comprendrait pas un pareil geste et le moindre grain de mil ferait bien mieux son affaire. D'ailleurs il ne mérite pas qu'on se mette à genoux devant lui. S'il assure la production, ce n'est ni par amour du prochain, ni par solidarité, c'est poussé par la nécessité.

De son naturel l'ouvrier est vil, brutal, égoïste, jaloux. Dans l'ensemble il vaut plutôt moins que le bourgeois dont la culture intellectuelle, la vie moins dure et plus raffinée atténue les défauts. L'opprimé ne vaut pas mieux que l'oppresseur, ses vices sont autres, voilà tout. D'ailleurs quand par hasard l'esclave devient maître il est souvent plus dur que les maîtres de naissance. « Il vaut mieux qu'un royaume tombe qu'un pauvre s'élève », dit un proverbe populaire.

Ces considérations ne sauraient être des raisons suffisantes pour renoncer à organiser la justice dans la société. Les hommes sont ce qu'ils sont, s'ils étaient meilleurs, l'organisation de la justice serait plus facile ; mais il n'en faut pas moins la tenter.

Lorsque l'on parle de mettre le travail à la place qu'il mérite, il faut entendre tous les travaux : le travail intellectuel, comme le manuel ; un volume de vers a son utilité tout comme un clou.

Les ouvriers n'écoutant que leur jalousie, bannissent volontiers les intellectuels de la société future ; c'est une conception déraisonnable. Sans l'intellectuel, la maison ne serait qu'une cabane, l'automobile qu'une misérable charrette ; la science et l'art n'existeraient pas.

C'est bien le maçon qui fait la maison, c'est bien le mécanicien qui fait la locomotive ; mais sans l'architecte et l'ingénieur, ils n'en viendraient pas à bout.

L'ouvrier manuel n'est qu'un agent d'exécution ; il faut un intellectuel pour diriger le travail.

Parmi toutes les idées qui ont été agitées au début de la révolution russe, a figuré celle d'établir l'égalité de salaires entre manuels et intellectuels. C'était une erreur, la pratique l'a vite montré. Les intellectuels ont refusé leur concours et il a fallu en revenir à des conceptions plus raisonnables.

Certes, le travail intellectuel ne doit pas constituer une aristocratie : toutes les castes sont odieuses, parce qu'elles foulent aux pieds la justice. L'intelligence supérieure est, comme la taille et la beauté, un don de la nature ; l'homme n'y a aucun mérite. Néanmoins, l'intelligence pour être utile doit faire effort et cet effort ne sera pas fait si l'individu n'y trouve pas d'intérêt.

Peut-être un jour arrivera-t-on à implanter solidement au cœur de l'homme la tendance à sacrifier son intérêt particulier à l'intérêt général, alors l'architecte pourra accepter sans murmurer d'être payé comme le maçon. Mais dans les conditions actuelles, et même dans celles de demain, il ne faut pas oublier que l'individu travaille essentiellement pour lui-même et que c'est seulement par répercussion que son travail sert la société.

Il faut donc de toute nécessité proportionner le salaire à la valeur du travail, c'est-à-dire en dernière analyse, à l'effort du travailleur, autrement cet effort fera défaut et la société retombera à l'état primitif.

Car il ne faut pas oublier que l'évolution de l'humanité vers la civilisation n'est pas une loi inéluctable, comme la gravitation. La civilisation est dans une

certaine mesure l'effet de causes fortuites. Les nègres
sauvages sont sans doute aussi anciens que nous sur
la terre et cependant ils en sont restés à un stade très
rudimentaire de vie.

L'ouvrier est aussi indispensable que l'ingénieur,
car, si celui-ci conçoit celui-là réalise. Néanmoins si,
à la rigueur, après quelques mois d'adaptation, l'ingénieur pourrait faire un ouvrier, la réciproque n'est
pas vraie : l'ouvrier ne saurait remplacer l'ingénieur
parce qu'il faut des aptitudes spéciales et dix ans de
préparation.

L'ouvrier, en général, comprend mal ces choses.
Il voit l'ingénieur arriver proprement mis dans l'usine,
avec des papiers, et il s'imagine volontiers que son
rôle est tout d'ostentation et sans utilité réelle. Evi-
demment avec les seuls moyens de la routine, les
ouvriers pourraient dans quelques travaux se passer
de techniciens pendant un certain temps, mais très
vite l'industrie péricliterait et on retomberait aux ou-
vrages rudimentaires des sociétés en enfance.

L'ouvrier, confiné dans une vie bornée, ne connait
qu'elle ; il n'en saurait être autrement, rien n'est dans
l'intelligence qui n'ait été avant dans les sens. Pour-
quoi cultiver les fleurs, disait un ouvrier devenu pro-
priétaire, cela ne se mange pas, c'est inutile. Dans un
état prolétarien il sera sans doute difficile de faire
admettre l'utilité d'un volume de vers, de faire com-
prendre qu'il y a là un travail qui a coûté du temps
et des peines et qui, par conséquent, doit être ré-
munéré.

On peut vivre sans volume de vers, c'est certain.
On peut aussi vivre sans littérature, sans peinture,

sans sculpture, sans musique, sans philosophie ; on peut se passer de science. Pour vivre il faut assez peu de choses : quelques légumes, un peu de tissus, une cabane. Mais il reste à savoir s'il est désirable de revenir à ces conditions rudimentaires d'existence. Sans volumes de vers, on peut vivre, mais avec des volumes de vers on vit mieux ; la poésie est un des éléments du bonheur. Il est donc juste de rémunérer le poète, comme l'écrivain ou l'artiste dont le labeur embellit notre existence.

III

Ce qui doit disparaître définitivement dans une société équitable, c'est l'oisiveté. Une révolution digne de ce nom n'admettra pas les droits de la situation passée. « Je suis né dans l'opulence, j'y ai toujours vécu, donc je dois continuer d'y vivre. Créature de luxe, je ne suis pas fait pour le travail. »

La révolution ne saurait souscrire à de semblables prétentions.

Si vous avez vécu dans l'opulence, c'est parce que d'autres, au sein d'une vie misérable, travaillaient pour vous. Maintenant le régime est changé, il faut que chacun collabore au travail social : adaptez-vous ou partez.

Partez ! La Grande Révolution Française punissait de mort l'émigration ; la prochaine révolution devra la considérer comme un débarras. L'expulsion est plus humaine que la guillotine, moins cruelle que la prison.

Seuls les incapables seront exemptés du travail : vieillards, malades, infirmes, enfants ; la société les prendra à sa charge et les entretiendra, non en parents pauvres à qui on fait la charité, mais dans des conditions équivalentes à celles des travailleurs. La grande bourgeoise qui aura vieilli dans un palais avec un personnel nombreux à son service devra se contenter d'une chambre. Mais elle ne souffrira ni de la faim, ni du froid ; elle pourra se donner tous les soins d'hygiène et on la soignera dans ses maladies. Si, mécontente, elle combat la révolution, son seul châtiment sera d'être mise sans indemnité hors des frontières.

Les salaires ne sauraient être égaux. Mais la société future n'en différera pas moins du tout au tout d'avec la société présente, parce que tout être humain intelligent et actif pourra sans chimère nourrir les plus hautes ambitions. Il est faux de prétendre avec les pseudo démocrates qu'il y a une fortune dans chaque berceau et un bâton de maréchal dans toutes les gibernes ; celui qui naît dans la pauvreté a les plus grandes chances d'y mourir.

L'instruction sera égale pour tous, il ne tiendra donc qu'à chacun d'acquérir la culture qui mène aux emplois les mieux rétribués.

Des inégalités resteront, car si on est, dans une certaine mesure, maître de son travail, on ne l'est pas de son intelligence. On naît bien ou mal doué comme on naît beau ou laid. Les conservateurs font un sophisme lorsqu'ils prétendent qu'on ne saurait mettre dans la société une égalité qui n'est pas dans la nature. Le régime présent connaît surtout des inégalités sociales, la société rationnelle ne connaîtra que des inégalités naturelles.

Cependant si des inégalités sont nécessaires entre les travailleurs tant que persiste ce que Varga appelle

« la mentalité égoïstico-cupide », les différences de
rang social devront être beaucoup moins grandes
qu'aujourd'hui. Comparez la distance qui sépare le
genre de vie d'un directeur de grande usine de celui
d'un cantonnier !

La Commune de Paris n'admettait pas de traitement
au-dessus de six mille francs, c'est-à-dire trente-cinq
mille francs d'aujourd'hui. C'est un peu mesquin ; un
grand savant, un grand littérateur, un ingénieur de
talent ont droit à la reconnaissance de la société à
laquelle ils donnent leurs facultés supérieures et leur
travail. L'échelle pourrait varier de vingt mille à cent
mille francs. Vingt mille francs un simple ouvrier
manuel, vingt-cinq mille à l'ouvrier qualifié, trente
mille au contremaître, trente-cinq mille au professeur
de lycée, etc. On pourrait améliorer encore ce *standard*
élevé de vie en établissant la gratuité des spectacles et
des voyages.

L'argent, à mon avis, devra être conservé, car s'il
a beaucoup de défauts, sa commodité n'est pas rem-
plaçable. La révolution russe a tenté au début de le
remplacer par le *paioc*, c'est-à-dire la ration d'entre-
tien. Il lui a fallu établir une bureaucratie formidable
et, au bout du compte, les gens mourraient de faim.
Il est facile d'empêcher la monnaie de devenir capital
en la réduisant à de simples bons de consommation
périmables au bout de quelques années.

La journée de huit heures est apparue comme une
grande conquête du socialisme, mais tout esprit juste
admettra que huit heures, c'est beaucoup trop long.
La journée de huit heures est encore un travail d'esclave où l'homme donne toute sa vie pour le pain

quotidien. Il faut du temps pour jouir de la vie, pour faire ce qui plait et même pour ne rien faire du tout. C'est avec raison que Lafargue, en face du droit au travail, a proclamé le droit à la paresse.

Le temps de la production s'arrête au seuil de la vieillesse, mais ce n'est plus à cet âge que l'on peut espérer jouir de l'existence. Le petit commerçant, le petit fonctionnaire qui ont travaillé trente ans en ayant devant les yeux le mirage de la retraite ne touchent cette retraite que pendant de courtes années. Le changement survenu brusquement dans une longue vie d'habitudes les fait mourir.

C'est dans la jeunesse et l'âge mûr que l'on est capable de mener une vie heureuse. Cinq à six heures de travail social sont bien suffisantes, après quoi on pourra cultiver son esprit, faire de la musique, jardiner, se promener.

Les conférences, les concerts devront être multipliés pendant les heures libres. Chaque rue de ville, chaque village devrait posséder un salon public pourvu de livres, de journaux, d'un appareil de T.S.F. Le désœuvré entrerait là pour causer avec des camarades, lire un article, écouter un morceau de musique.

Les vacances qui tendent à se généraliser deviendront générales. Le moindre ouvrier aura un mois de congé pour aller où il voudra et la gratuité des voyages fera de ces vacances une réalité. L'hôtel, aménagé pour les riches dans la société actuelle, sera accessible à tout le monde ; le plus modeste travailleur sera sûr de trouver partout sa chambre confortable, chauffée en hiver, pourvu de tout ce qu'il faut pour les soins d'hygiène. On admettra que le confort n'est pas un luxe, mais une nécessité.

VI

Les syndicalistes voient d'un assez mauvais œil s'implanter la rationnalisation qui, mettant tous les gestes sous le contrôle de la raison, a pour effet d'intensifier la production.

En société capitaliste, l'intensification de la production profite avant tout au patronat ; l'ouvrier a donc raison de l'envisager avec défiance. Mais dans une société communiste la rationnalisation devra être adoptée, malgré l'ennui qu'elle pourra causer à l'ouvrier. La production doit être envisagée comme une corvée inévitable, plus vite on s'en débarrasse, plus tôt on est libre.

V

La rationnalisation semble devoir apporter une nouvelle condition du travail.

L'Amérique qui est à la tête de la civilisation matérielle du monde a entrepris de réconcilier le capital et le travail.

De grands patrons tels que Ford distribuent à leurs ouvriers d'élite des salaires de 40 dollars par semaine (en argent français 4.000 francs par mois).

La rationnalisation est appliquée, mais en revanche les journées de travail sont courtes : six à sept heures.

La condition de ces ouvriers est analogue à celle de nos petits bourgois, avec en moins la culture intellectuelle et l'indépendance relative. Les logements sont confortables : ils comportent une salle de bain, un trou pour le vidange automatique des ordures ménagères, un monte-charge pour les plats qu'on peut demander par téléphone au restaurant situé au rez-de-chaussée ; les escaliers sont pourvues d'un ascenseur.

De nombreuses maisons de crédit facilitent aux ouvriers l'achat de meubles, d'un phonographe, d'un manteau de fourrure pour les femmes ; la réclame en est faite chaque jour par la T.S.F. que les ménages ouvriers ont chez eux.

Beaucoup de travailleurs ont une automobile. Comme les distances sont grandes, ils la prennent pour aller à leur travail.

Le fordisme est pour les hauts salaires, car si d'une part ils grèvent la caisse patronale, de l'autre ils l'alimentent, car le pouvoir d'achat de l'ouvrier se trouve augmenté. De même la rationalisation qui augmente la production est aussi un bien, car en diminuant les prix elle intensifie la consommation.

Enfin, le principal avantage du fordisme aux yeux du grand patronat américain, c'est qu'il étouffe dans l'œuf la révolte ouvrière ; plus de socialisme, de communisme, d'anarchie. L'ouvrier se déclare content de son sort et pour peu qu'il possède une ou deux actions de l'usine où il travaille, il est tout acquis au capital.

Le patronat américain voudrait généraliser au monde entier son système. Le facisme européen s'est emparé des théories fordistes ; il fait miroiter aux yeux des ouvriers les conditions mirifiques de la vie de leurs frères d'outre-Atlantique.

Mais tout est lent dans la vieille Europe. Les patrons font la sourde oreille à la rationnalisation qui les obligerait à transformer tout leur matériel et à investir dans leurs entreprises un lourd capital. Quant aux hauts salaires ils leur apparaissent comme une ruine et leur orgueil de « patrons de droit divin » est froissé à la pensée que sur les routes de notre belle France, leur puissante *Delage* pourrait croiser la petite Ford de leurs ouvriers.

L'Amérique est-elle un paradis pour ses ouvriers ? Naïf qui le croirait.

Le petit bien-être matériel que le patronat de ce pays octroie à ses ouvriers est racheté par un très lourd esclavage moral.

L'ouvrier qui demande à s'embaucher doit subir au préalable un examen psychologique. C'est très scientifique et très moderne.

L'aspirant passe dans le cabinet d'un *psychologue* attaché à l'usine qui mesure ses réflexes, sa rapidité de pensée, etc. Puis il lui pose des questions, banales en apparences : Allez-vous souvent au cinéma ? Quels films préférez-vous ? Etes-vous marié ? Avez-vous des enfants ? Aimez-vous les chats ?

Les réponses sont notées avec soin et le *psychologue* fait son rapport.

Si le postulant est d'intelligence supérieure, on le refuse. Les ouvriers intelligents sont dangereux, ils peuvent susciter la révolte.

L'ouvrier préféré est celui dont l'esprit bien borné ne le porte pas à regarder plus haut que sa condition.

Pour faciliter l'existence de son personnel en apparence, en réalité pour simplifier la surveillance, le patronat américain aménage pour ses ouvriers des *corons* confortables. Toute l'existence de l'ouvrier est, pour ainsi dire sous les yeux du patron ; impossible de lire un autre journal qu'une stupide feuille d'informations. Les conversations sont épiées, la fréquentation des réunions notée. L'ouvrier vit dans un véritable esclavage moral et intellectuel.

La simple culture intellectuelle, même lorsqu'elle a un caractère apolitique, est proscrite comme dangereuse pour le patronat. Ce dernier reconnait cependant qu'il faut un aliment à ce personnel qui s'abrutit une partie du jour dans ses usines rationalisées ; alors il favorise les sports. Les sports évidemment ont l'avantage d'occuper, de passionner même les ouvriers tout en déprimant leur intelligence.

Verrons-nous en France la rationnalisation faciste. Qui peut le savoir ?

Le prolétariat d'aujourd'hui est désemparé par l'échec économique de la révolution russe; il ne sait où porter son espoir; il est même des ouvriers assez insensés pour se reprendre à écouter l'éloquence perfide des prêtres.

Mais ce qui est certain, c'est qu'il ne doit pas attendre son affranchissement, même d'un patronat intelligent et résigné à faire une nuit du 4 Août fallacieuse.

Le capital ne fera que continuer les vieux errements, de faire du travail le fardeau dont on se débarrasse pour en accabler autrui. Seul, le prolétariat enfin affranchi pourra organiser la société rationnelle au labeur social de laquelle chacun prendra une **part** rendue légère, parce qu'elle sera établie selon la **justice.**

Doctoresse PELLETIER.

LA BROCHURE MENSUELLE

COLLECTION 1923-1924

LA BROCHURE MENSUELLE
COLLECTION 1925-1926

Le Gérant: TOUTAN.

Imp. spéc. de la Brochure Mensuelle, 39, r. de Bretagne, PARIS-3°